美少年塔羅讀心占卜

翻一頁
為自己找到人生解答

IDEAL
SOULMATE
TAROT

萬人共感的塔羅占卜師

杏花栗子 著

suncolor
三采文化

前言

用塔羅占卜，
愛上自己下的每一個決定

塔羅能將你現在最需要的訊息傳遞給你。

對你來說，塔羅是什麼呢？

塔羅牌擁有不可思議的力量，遠超乎我們的想像。

會在我們最需要的時候，傳遞最重要的訊息給我們。

當你難受、痛苦或想求助他人時，不妨翻翻這本書。

在這裡，沒有人會責備你。

慢慢來沒關係，請試著翻開這本書吧。

書裡有著只屬於你的世界。

杏花栗子

指引未來方向的塔羅牌

IDEAL SOULMALE TAROT

本套牌卡包含大阿爾克那（大牌）與小阿爾克那（小牌），共有 78 張繪有原創美少年的塔羅牌。

幻想世界的塔羅牌能包容、療癒，並為你的人生帶來正向的美好。二次元少年們會將人生導向光明正向，讓自己變得更加光彩奪目吧！

IDEAL SOULMALE TAROT 製作：LUNA FACTORY © LUNA FACTORY

本書的使用方式

本書綜合塔羅占卜與翻書占卜的特性，只要翻開本書，幻想世界的塔羅牌將會引領你往更美好的未來。

最重要的並非占卜的知識與經驗，而是你看到牌卡的瞬間感受到什麼。占卜師杏花栗子透過美麗的塔羅牌「IDEAL SOULMALE TAROT」將正向訊息傳遞予你。

請相信自己的直覺，翻開這本書吧，這將會成為改變的契機。

最符合你現況的
塔羅牌

占卜結果
給你的正向訊息

1

沉澱情緒，
思考想問的問題：

調整呼吸，深吸一口氣。整頓好思緒後，在心中默念或說出
問題都可以。無論是戀愛、家庭、工作或人際關係，任何煩
惱都無妨，一個一個找到答案吧。

例
- 之後有機會和○○○交往嗎？
- 該怎麼做，才能和○○○感情變好？
- 如何才能遇到結婚對象？
- 換工作會順利嗎？

2

輕敲書封：

左右手皆可，握拳時內心想「請告訴我答案」，像是喚醒塔
羅牌般輕敲封面兩下。

3

當你覺得是時候了就翻開書，
那一頁就是當下的答案：

相信你的直覺，隨意翻開一頁。

閱讀順序：①仔細觀察並感受左頁的牌卡；②右頁的文字就
是牌卡少年想對你說的話；③ 解牌下方關鍵字，無論面對
各種情境，讓靈感無限延展。

占卜時的注意事項

為了讓你與本書有更深入的連結，
占卜前有四點要注意。

◆ 避免密集詢問同一個問題

若你在看到訊息後感到煩躁，請先向塔羅牌詢問「為何會
出現這種結果？」你一定能找到讓你感到不安和煩惱的線
索。同樣的問題，請隔一段時間再問。

◆ 出現逆位牌也不要擔心是負面答案

抽到正位並不代表就是好預兆，反之抽到逆位也不代表壞
兆頭。重要的是塔羅牌本身所傳達的訊息，無須受正位與
逆位的影響。

◆ 不需要過度在意牌卡給你的訊息，重點是看了之後你怎麼感受、如何行動

比起牌卡訊息，請正視自己真正的想法。塔羅牌不是恐怖未來的預兆，也不會強迫你接受某種理論，只是提供一個解決煩惱的方向與線索而已。

◆ 把喜歡的牌卡拍照下來隨身攜帶，獲得滿滿能量

可將塔羅牌與訊息拍照下來存在手機中，隨時查看，還能成為護身符。當作手機桌布也不錯，用自己喜歡的形式隨身攜帶吧。

QUEEN of WANDS

關鍵字

愛 精力充沛

你絕對沒問題，
因為你充滿魅力！

現在的你，是否非常缺乏自信呢？

即便如此，也不需要逼自己變得正向開朗。

試著正視自己的感受之後，我要告訴你，

你是一個非常有魅力而且優秀的人。

自信不足正是你願意誠實面對自己的證據。

而這樣的你，總有一天能擁有自信，展翅高飛。

在那天來臨前，好好面對自己，慢慢思考也無妨。

若有想達成的目標，也別害怕勇往直前，

就依照自己的心意走。

最重要的是重視自己真正的樣子，走自己的路。

IV

關鍵字

和諧 平靜

這一刻終於到來，
流淚過後，將迎接平靜及安定。

這一刻終於要來臨了。

過去你所感受到的痛苦與悲傷，將慢慢轉為平靜。

為戀愛而煩惱的你，將能兩情相悅或結婚……

就算是不拘泥於形式的你們，也能許下愛的誓言。

除了戀愛以外，抽到這張牌也代表一切事物都將走向安定。

所以請放心，照你自己的步調生活吧。

牌中那些茂盛的枝葉不僅輔助花朵綻放，

也盡全力祝福著你的未來。過往流下的眼淚絕對沒有白費。

這次你將流下喜悅的淚水，灌溉花朵盛放。

QUEEN of PENTACLES

關鍵字

保守 豐足

好好珍惜別放手，
這份重擔將成為你的養分。

深藏在你心中的「那件事」對你來說非常重要，

我能感受你多不希望他人談起這件事。

而你是不是有時會為了自己的堅持，

以及過於重視、不願退讓的想法而困擾呢？

這並沒有錯。對你來說，什麼才是最重要的呢？

我想你早就注意到了，無論路有多麼崎嶇，

你一定能到達終點。當你感到疲憊時，

暫時把「那件事」放在心底，先去思考別的事也無妨。

你是不會逃避的，因為那件事已成為你的血肉及養分了。

未來也將繼續與你同行。

STRENGTH

偶爾撒嬌也無妨，
試著放下肩上的重擔吧。

你是不是時常覺得受人擺布呢？

事實並非如此。

你會這麼覺得是因為你非常善良，且能敏銳察覺他人的情緒，

所以有時會勉強自己配合對方，或去顧慮對方的心情。

但是請別擔心，你並沒有任人擺布。

你只是很關心別人，以及周遭的狀況罷了。

你一定每天都很心累吧，辛苦你了。

這次換你撒嬌了，就算小小的耍性子也可以，

偶爾哭泣也沒關係。

關鍵字

變化的前兆　內省的時期

再稍等一下下，
你期望的那一刻即將到來。

你是不是很害怕懷抱耀眼的夢想卻一再落空，

以及對於很想實現的某件事抱有過度的期待呢？

這絕不是壞事。人的感情非常複雜，

要抹去對於期待的恐懼與不安會更痛苦。

千萬別勉強自己，試著接受自己的情緒。

你即將面臨一件非常重大的事，

一件能讓你徹底拋下不安的大事，所以再耐心等候一下。

我並不是要逼迫疲於等待的你，

只不過「那件事」還需要稍待片刻才會降臨。

但它最終會來的，請放心。

關鍵字

倦怠 別自責

不管多瑣碎的小事，
都能察覺到蛛絲馬跡。

你看事情的角度十分細膩，

所以比他人更容易感受到心痛及脆弱。

正因為你容易察覺到情緒波動，

甚至連不想知道的事都能察覺，所以特別容易累。

這樣的你已經很辛苦了，我不會隨口亂給建議。

因為不需要別人說，你也總不吝於鼓勵、關心身邊的人。

所以現在的你，只需要去好好睡一覺。

平常的你，已經傾盡心力幫助大家了，

今天就什麼也別想，讓自己好好休息。

如果睡不著也沒關係，隨心所欲足矣。

Knight of Cups 聖杯騎士〔逆位〕

關鍵字

休息 再出發的前兆

是休息而非停滯，
最終一定能向前邁進。

你會對遲遲未行動的自己，感到不安嗎？

那種看不到前方的恐懼，以及現狀停滯的不安……

的確令人非常害怕。有時你會害怕事情永遠沒有進展，

有時你也會因為不安而無法入眠。

正因為你能配合他人的步調，並能察覺他們的感受，

所以會更容易不安焦慮。

但這並不是停滯或靜止，只是暫時休息罷了。

就像在旅途中的短暫小歇一樣，不會永遠停滯不前。

即使緩慢，你一定能向前邁進。

THE HIGH PRIESTESS

關鍵字
精神交流 多愁善感

真相遠比你想像的更細膩。
專一又純潔的他。

浮現在你腦中的對象，是一個非常真誠的人。

若你腦海中出現的不是某個人而是某件事，

那這件事也極具可信度。一路以來，你的待人處事都很真誠。

就算有時你會感到一頭霧水，有時你也會疲於思考，

但都是經過深思熟慮所下的決定。

無論發生什麼事，你腦中的他／她或它都很相信你。

別忘了！真相遠比你想的更細微，

所以一定要仔細聆聽那些低語。

你究竟想怎麼做呢？我相信你一定很快就會找到答案，

所以今晚就好好休息。

關鍵字

復活 復合

在寂靜中復活與重生，
此刻正是重新出發的時刻。

曾放棄的夢想與目標，以及強烈的意念⋯⋯

心的聲音，傳遞出了各式各樣的意念。

現在的你站在改變的道路上，無論選擇復活重生，

還是另尋他路，全都由你作主。

過去那些讓你彷彿伸手不見五指的難受，

以及歷經過痛苦的你，都將有所轉變。

你絕不是被篩選的一方。誠實面對自己的心意，

做出選擇與決定吧，很快就會沒事了，

帶著過去的記憶，一切都將開始運作。

接下來，你將踏出重新開始的第一步。

關鍵字

慈愛 浪漫

兩人凝望彼此。

你珍視的所有人事物，都擁有溫柔的眼神，

並和你注視著同一個方向。

一直以來，你經常不知該如何面對自己的堅持與強烈的信念，

或許也對未來感到不安。

但從今以後你將能卸下肩上的重擔，帶著輕鬆的心情，

和對方站在相同的立場，並順其自然地走下去。

別再戰戰兢兢，稍稍放慢腳步也無妨，

你的心便能像沉靜的海洋般平靜。

你的信念不會溜走，它正牢牢地掌握在你的手中。

PAGE of PENTACLES

關鍵字

穩健 準備

機會突然來臨，
別錯過那些徵兆！

有一個莫大的機會將來到你身邊，

它的出現毫無預警，所以一開始你可能會嚇一跳。

若你認為難度太高，甚至開始焦慮的話，其實無須過度擔心。

因為這次的經驗將會成為你的養分，最終獲得成功。

雖然難免會感到緊張，但只要放鬆壓力，

冷靜處理就沒有問題。你只要抱持期待的心情就好了。

無須求神拜佛，因為在你身邊，

有許多值得信賴的人會對你傾囊相助。

衷心期盼你能得到空前的成功。

關鍵字

重新審視的重要性　做足準備

沒事的，
最後一定能互相理解。

你是否因為不知該如何回應而感到不安呢？

那就試著正視現在自我的感受吧。你不該無視自己的感受，

而是去思考為何會有這種想法，以及你想怎麼做。

慢慢來也無妨，你不需要急著下定論，

憑空想像的不安不會成真。

所以正視現在的情緒和客觀事件吧。

別擔心，你所珍視的人事物不會消失。

即使遇到了與你擁有不同價值觀的人，

最終一定能互相理解。請先冷靜下來，好好安慰自己。

不需要害怕，沒事的。

關鍵字

從束縛中解放 改善

渴望有所行動的你，
時機終將到來。

無論是停滯不前的事，

或是苦無進展的事，都將開始啟動。

你心中所想的那件事，其實一直在默默進行中。

一等再等的你，應該早已身心俱疲了吧。

尤其是伺機而動的期間，

其實很消耗心神，內心煎熬。

正因為你嘗過如劍刺般的痛苦，才能讓事情有所進展。

事情差不多要開始運作了，過去你所承受的苦，

終於有所變化了。你將從束縛的枷鎖中釋放。

關鍵字

解決 建議

對方值得信賴，
但你不用勉強自己相信。

明明想相信，卻無法相信⋯⋯

這種痛苦令人難以想像。

但是我想告訴你，關於你心中所想的，並不是謊言。

即便如此，你也無須逼迫自己相信。

無法輕易相信，是身而為人的正常心態。

所以無須苛責自己，你並不是無用之人。

會糾結會煩惱，代表你願意誠實面對自己，這樣就足夠了。

宣洩出來，不是也很好嗎？

不用強迫自己相信，這樣的你已經很棒了。

關鍵字

客觀 內省

多多慰勞
已經筋疲力盡的自己吧。

為了整頓好整個局面和狀況，

想必你構思了各種做法並反覆嘗試。

是時候讓自己休息一下了。當然，我並不是要你停止一切。

而是希望你能放鬆心情，做一些自己喜歡或能自我療癒的事，

暫時遠離眼前的問題。就算只有幾小時，甚至是幾分鐘都好。

稍微休息，事情也不會完全停擺，

依然能以剛剛好的步調順利進行。

請趁能休息時，好好休息吧。

無須過度擔心，辛苦你了。

關鍵字

謹慎行事 可靠的計劃

改變的時刻，
目標趨於真實。

看不清前路，未來又該何去何從，想必充滿不安。

正因為你認真思考自己的未來，所以無止境地擔憂。

但你就快要看見該前進的道路了。

原本狀況不明準備要放棄的事，也將柳暗花明，

你的未來將顯露希望。

夢想不再是妄想，終將趨於現實。

所以無須放棄，心中所思將大放異彩。

關鍵字

充分休息 重新審視關係

別努力過頭了，
不如休息一下吧？

你是一個會將很多的愛分享給他人，十分溫柔的人。

有時是透過語言，有時是透過關心，

你總會透過各種形式，為身邊的人付出。

每個人都擁有被好好對待的權利，即使只是一下下也無妨，

暫時放下他人，對自己好一點吧。

不管是按摩也好，好好睡一覺也很棒。

為他人傾盡全力的你，最該好好療癒的就是自己，

可別搞壞身體了。平時真是辛苦你了，請好好休息吧。

關鍵字

成長 轉捩點

思索夢想的絕佳時機。

你是否正在摸索自己的未來呢？

無論你是否已經找到夢想與目標，

都在認真思考該如何打破現狀。

現在正是最完美的時間點，去正視這個機會吧。

你期盼的未來是怎樣的？

撇開你的人設與社會觀感，你真正的願望又是什麼呢？

最重要的是，你想要什麼樣的未來。

想好之後，再去思考如何達成。

凡事不過分著急，先從學習接受自己的想法開始。

關鍵字

休息 接近平靜

過往的傷口即將癒合，
痛苦也將不再。

你心底那道深深的傷，

絕不可能輕鬆癒合，你也無法向他人傾訴。

過去的你，總是獨自煩惱，暗自忍耐，又時常哭泣吧。

你曾認為自己絕對無法迎來平靜，

並在伸手不見五指的黑暗中承受著痛苦。

但迷宮皆有出口，洞穴皆有盡頭，你的黑暗定會轉為光明。

盡頭的光亮就快要來臨了，所以千萬別勉強自己。

傷口不會消失，但總有一天會慢慢痊癒。

Ace of Swords 寶劍一〔逆位〕

關鍵字

柔軟彈性　多關心周遭狀況

懂得自我抽離，
試著靈活思考。

若你因為憤怒或不耐煩，而想責備自己，

那我必須告訴你，這不是你的責任。

就算聽起來有些不負責任，但你不過是向著自己的心，

竭盡一切努力罷了。

別忙著責怪自己，因為你的想法比什麼都重要。

請把握這個原則，先認同自己，才懂得靈活思考。

V

關鍵字
善良 絕望時的救贖

你是獨一無二的存在，
有人正把你放在心上。

抽到這張牌，表示有個人正把你放在心上。

也許你怕帶給對方困擾，選擇獨自承受一切。

這樣的想法固然體貼，但千萬別逞強。

因為無論發生再難受的事，那個他都願意與你一起度過。

你是否願意與他一路前行，邁向屬於你們的光明未來呢？

對方似乎非常篤定，只要和你一起，

無論眼前是怎樣的未來，都能一起面對。

VIII

關鍵字

誠實 切磋琢磨

笨拙的他，
其實很重視你。

你是否曾在夜裡，因笨拙又不善於表達愛的他，

而感到鬱悶呢？無論是戀愛或是其他事，

每當搞不清楚對方的心意，你就容易胡思亂想。

但那個他，其實只是不擅言辭而已。

正因為你很重要，所以他不會信口開河，

或輕易做出不負責任的言行舉止。

當然，你不一定要接受，因為你的確因此感到難受。

殊不知對方連你的這種感受，也想一起包容。

我想再過沒多久，他便會害羞地向你表達心意了。

關鍵字

愛撒嬌　適度休息

循序漸進地寵愛自己。

每天要面對很多事，真是辛苦你了。

你有沒有好好休息呢？

別把自己逼太緊了，先躺下來深呼吸。

要是睡不著，或是思慮過重，也不用逼自己睡著。

就利用這段時間，專注於自己的情緒。

無論痛苦或悲傷，還是無奈的感受都行。

接著稱讚自己已經做得很好了。

循序漸進就好，好好寵愛努力的自己。

關鍵字

圓滿 達成

所有的一切彼此連結，
你的世界趨於完整。

過不了多久，你的世界將會完整，新的故事也即將展開。

也許從很久以前，你就一直期盼著這天到來。

現在的你，什麼都不用害怕。

即使是恐懼和不安，都是拼湊完整世界的必經過程。

你已脫離曾讓你痛苦的世界，一切即將重啟。

你已經累積了足夠的力量與經驗，

接下來就是專屬於你的新篇章。

關鍵字

笑容 精力充沛

魅力爆棚！
自信成為展現自我的契機。

現在是將魅力發揮到極限的時刻，全心投入喜歡的事物中吧。

用真實的樣貌當作吸引他人的號召，

還能讓身邊的人更有自信。

若你真的非常缺乏自信，試著佩戴一些喜歡的裝飾品，

從自己力所能及的範圍開始嘗試吧。

你非常有魅力，是一個很棒的人。

你身邊也有許多人因你得到救贖，

所以不需要強迫自己樂觀正向。

走出戶外曬太陽，依照自己的步調前進吧。

關鍵字

實驗的時刻　整理感情

情感波動大，
學習坦承與釋放。

你正經歷一段五味雜陳的情感波動期，

開心與悲傷，或是對未來的期待與壓力等等。

這時若有想挑戰的事，可以放膽去嘗試。

也許試著調整自己的說話方式與態度，

或是對夢想與目標的細節規劃。

最重要的是，情緒來了別忍著！

在自己力所能及的範圍內，緩慢釋放。

因為坦承從來都不是一件壞事。

DEATH 死神〔逆位〕

關鍵字

轉換期　重新審視現狀

耿耿於懷沒有錯，
請仔細探究自己的感受。

釐不清的想法，走不出的煩惱讓人痛苦；

不想再被提及，想忘又忘不掉，這樣的想法讓人退無可退。

誠實面對這樣的情緒是第一步，

然後仔細思考耿耿於懷的原因，

最後再試著分析自己的感受，這麼做就一定能找出新的答案。

耿耿於懷的情緒不是壞事，在你能夠轉換心境之前，

好好地正視自己的想法吧。

關鍵字
逆境 出現解決方法

人生就是一次次的修行，
解決方式終將出現。

過去這段時間，辛苦你了。

你過得好嗎？是否過度勉強自己呢？

再稍微忍一下就好，你將會找到答案。

這段彷彿修行般的痛苦時期即將過去。

對過去的那段痛苦記憶，你有什麼想法呢？

一路上又是如何面對呢？若不想回想，也別勉強自己。

過往的經驗定會成為未來的養分，眼前的道路也將平坦。

痛苦的修行已經結束，請跨出解脫的那一步吧。

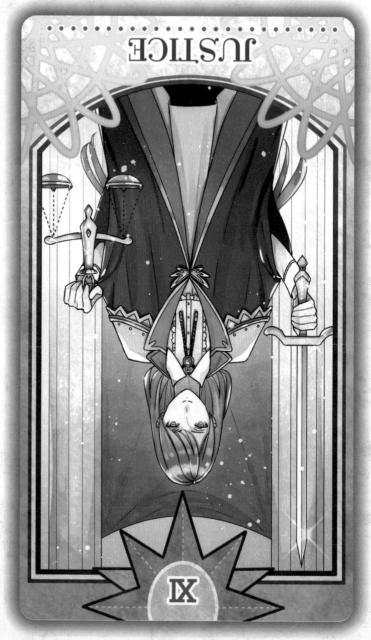

關鍵字
重新調整平衡 整理思緒

下決定很難，
尤其是你的心。

現在的你正處於想要釐清並確認某件未定之事的狀態。

一直處於被動與未明狀態的你，也許早已到達臨界點，

想要儘早得到答案。

你需要重視這樣的情緒，請試著把感受說出來。

也許你害怕被討厭，也怕給人陰沉的形象，

所以只需要透露一點點就好。

你不該隱藏自己的感受，好好正視心中的煩悶。

若你想劃清界線也無妨，因為你的心也想這麼做。

III

關鍵字

進步　合作

眾人的協助是關鍵，
有很多人在支持你！

熱衷又努力的樣子，十分有魅力。如果你也有熱衷的事物，

就盡情投入吧。只要投入，那些想幫助你的人也會出現。

說不定，他們已經在你身邊了。

在互相幫助，彼此分享想法的氛圍下，

能創造出完美的世界觀以及作品。

不管你是為了戀情而煩惱，或是為了夢想而迷惘，

也能向他們說出自己真正的想法。

如此一來，也能減輕你的負擔喔。

沒問題的，因為你不是一個人。

ACE of PENTACLES

關鍵字

繁榮 成就感

好好珍惜此刻的感受，
它將成為未來的重要資產。

你懷抱的所有感受，在未來都會成為龐大的資產。

資產不僅限於金錢，也包括人生中的重大經驗。

現在的情緒與感受會帶來價值，

先把旁人的意見與世俗的想法擺在一旁，以自我為優先。

珍惜你無法妥協的堅持，以及強烈的信念，

接著用自己的步調前進。

全世界最重要的就是你的核心。

關鍵字
變化的前兆　照著自己的步調

坦然接受罪惡感，
負面情緒並沒有錯。

愧疚與罪惡感容易讓人心煩，但這樣的情緒絕對不是壞事。
就算看似完美的人也一樣，只要是人就有糾結與痛苦，
所以你並沒有錯。有人說有煩惱就不會有好事發生，
或是會引發負面連鎖效應，但這些都不是事實。
好好傾聽內心的吶喊，等到能坦率接受後再前進就好。

Page of Wands 權杖侍者〔逆位〕

關鍵字

不放棄 不畏懼

挑戰的開端，
跨出重新開始的第一步。

現在的你對於從零開始這件事感到畏懼。

過往的失敗經驗、不安和陰影等等，

都在阻擋你跨出關鍵的一步。

也許你曾在心中反覆回想起失敗的記憶，

但變化的徵兆已經出現在你的眼前了。

那些因為沒有進展而曾放棄的事，終於露出一絲曙光。

一切還沒結束，從現在開始重新出發。

這個瞬間，你的新篇章即將開始。

關鍵字

壓力 不要勉強

沉重壓力下隱藏著線索，
救命的稻草就在你身邊。

常有人說「若這件事成了你的負擔，就該放手」。

但是若能輕易放手，就不會如此煎熬了吧。

你特別理解放手有多困難，而且每天都在內心拉鋸著。

因為一路走來，你都習慣把責任扛在自己身上。

總是為了改善現況，而不斷努力的你，

請把自己的感受擺在第一順位，

試著照現有的步調繼續走下去。

即使不放手，變化的契機也快來了！

在你的心願意放手前，照著現有的步調前進。

THE CHARIOT 戰車〔逆位〕

關鍵字

試著面對　共識的重要性

現狀不是停滯，
而是重要的準備期。

每當沒有更進一步，或是長時間等待時，時間過得特別慢。

不管是誰都覺得這種狀態很難受。

即使有人告訴你「慢慢等，總有一天會有進展的。」

但這句話，一點都無法減緩心中的痛苦。

我只想告訴你，這段時間絕對不是停滯，也不是結束，

而是用來迎接下次前進的絕佳時機。

一切都正在默默運行，所以不要擔心，這絕不是停滯。

那一刻，馬上就會來臨。

關鍵字

別害怕不安 改善的線索

焦慮不安不是預兆，
而是前進的線索。

抽到這張塔羅牌時，

你可能會覺得自己被討厭了、一切完蛋了，

或是想到不忠誠的對象……不安的情緒不斷交錯。

別害怕，這張牌所說的不安，不是恐怖的預兆，

也不代表你的未來，或是對方的心聲。

而是代表你現在的心情。你時常因為想太多，而感到疲累。

有時無法入眠，有時哭泣，明明感到寂寞，

卻想壓抑這種感覺……

一路走來，你已經很努力了。現在，請好好地安慰自己吧。

沒事的，你絕不是孤身一人。

THE HIEROPHANT 教皇〔逆位〕

關鍵字

重新審視的時期　不要獨自承受

眼前的兩個選擇，
請審慎思考。

假設眼前有一條岔路，任誰都會停下腳步思考下一個選擇。

對現在的你來說，就處於這樣的重要時刻。

該走哪條路呢？哪條路比較安全呢？

還在猶豫不決的你不要害怕，人生中不會有錯的選擇，

每一條都是對的道路。最重要的不是方向，也不是時間點，

而是「由你做出的選擇」，沒有什麼比這點更重要。

因為你的選擇，才是唯一重要的事。

請不要忘記這點。

關鍵字

戀愛成功 心動

你們彼此牽絆，
視對方為獨一無二的存在。

「如果今天是人生的最後一天，我想和他一起度過。」

這個無人能取代的他，也同樣把你放在心上，

不管發生任何狀況都不會改變。

對你們來說，重要的不是你們之間的關係與世人的眼光，

而是你們曾一起經歷過的時光、記憶和彼此的心意。

無論兩人分隔多遠，就算無法見面，

你們之間仍有著更深刻和強烈的羈絆。

你們對彼此來說，是獨一無二的。你的夢想就快要實現了。

直到人生的最後一天，都別鬆開雙手。

X

關鍵字

平和　安定

安穩的每一天，
歲月靜好。

最近的你總是很匆忙，一定很累吧。

請先休息片刻，喝些熱飲吧。

暫時把對未來的不安和煩惱都擺在一旁，好好休息。

你追求的不是轉瞬即逝的平靜，而是細水長流的安穩時光。

所以請把握時間好好休息。什麼都不想，只是發呆也沒關係。

未來的你，將會度過平穩的每一天，放心地邁向幸福的未來。

現在就請慰勞一下自己吧，你一定沒問題的。

III

THE EMPRESS

關鍵字

豐饒 愛

無所畏懼，
度過自由快樂的每一天。

就如同春花飛舞的季節，你也將迎來人生新氣象。

接下來，你將跳脫過去那段心靈枯竭的痛苦時光，邁向高峰。

各方都會對你釋出善意，你也將受人愛戴，

用自己真正的樣貌度過每一天。

你現在還沒有這種感受也無妨，請珍惜現在的模樣，

準備迎接時機成熟的那一刻。

現在先做好準備，多留意身邊的一景一物。

過去流過的淚，都不會白費。

VII

關鍵字

競爭 稱霸

別在該衝刺的時候，
讓自己累倒了。

你正在反覆嘗試各種方法，只為了迎向更好的未來，

以及達到更高的目標。有必須要做的事，也代表責任重大。

你因為不想失敗，所以對自己非常嚴格，甚至沒有好好休息。

這樣的熱情與衝勁請延續下去，全力相信自己的可能性。

只須記住不要過度勞累，休息是為了走更長遠的路。

THE STAR

願望終於實現，
迎接欣喜收穫的時刻。

一路上你不停地努力前行，會流淚，想放棄都是理所當然。

對辛勞的自己說聲辛苦了。

艱辛的時期將要結束，不必再經歷同樣的辛苦了，

願望終於實現了。

過去的你赤腳走過無數次荊棘路，好不容易到手的希望，

也落空了好幾回。現在終於不用再經歷那種感受了。

今後的你能夠走在柔軟的草地上，帶著無限感觸，

一邊散步，一邊仰望美麗星空。

VI

關鍵字

回憶 前進

回憶不會消失，
過往的錯會成為未來的基石。

回憶時而美麗動人，時而殘酷傷心，

無論哪一種，對你來說都是人生的一部分，滿載了許多情感。

其中包含了無法輕易整理清楚的複雜情感。

你可以選擇好好珍惜這段回憶，或是選擇抹去。

不必拘泥於形式，

過往的記憶與經驗都會成為邁向未來的一大步。

過去的錯不是錯，而是未來的養分。

關鍵字

發現 安心

迴盪腦中的話，
終將跨越黑夜迎來破曉。

縈繞在腦中揮之不去的想法讓你痛苦，逼迫自己忘記前，

先試著聆聽那些聲音，並且思考為什麼你會難受。

那些話語和想法為何讓你久久不忘，若你實在難受，

先試著轉移注意力。除了你自己，誰也不能逼你刪除或忘掉。

一切取決於你的感受和想法，如此而已。

不用逼自己去打開窗簾，晨曦自會降臨，就先維持現狀吧。

KING of CUPS

關鍵字

溫暖的感情 共好

即將出現
充滿真誠與愛的救兵。

你身邊有一個相當真誠的人，

不管你們是情人還是其他關係，他都把你放在心上。

他能承接你所有的痛苦與悲傷，也想成為你的力量。

若你現在正獨自承受著什麼，請多依賴他一些吧。

也許你不想給他添麻煩，也害怕成為對方的負擔。

但是那個他，連你的顧慮也願意一同承擔。

你可以放心依賴對方，因為他會永遠站在你這邊，

帶著溫柔的眼神在遠處守護著你。若你願意，

試著向他伸出手，要求協助。

III

關鍵字
解決問題 成長

祝願成就，
你一定會成功。

你的夢想與計劃必定會成功，並獲得巨大成果，

預告成功的徵兆就出現在你面前。

若你正準備接受新挑戰，也會發生某件事，

讓你明顯感受到成功的機率大增。

現在的你為了醞釀新的變化，正在挑戰一件非常了不起的事。

願望成真的那天已經不遠，也絕對有實現的可能。

當你準備好迎接美好果實的瞬間，請好好認可自己的努力。

對自己說「你做得很好，未來也請多多指教」。

關鍵字

冷靜 思考後得到答案

懂得發覺身邊微小訊號，
深思熟慮後得到的答案。

有時我們會懷疑，去尋找答案這件事到底對不對，

還因此感到不安。面對弱點時，人會產生後悔和痛苦的情緒；

找出自己必須改善的地方時，也會內心糾結。

徹底思考的過程必有其意義，

深思後釐清的答案中就藏著解決問題的線索，

而你一定能找出答案的。

用來煩惱的時間，都不會白費。所以無論你現在努力思考，

或暫時拋諸腦後都沒關係。因為答案早已在你的身邊。

關鍵字

關係的改善 適度休息

關係對等的兩人，
終能找到共識。

面對無法解決的事情，先試著和對方談談，

或互相表達感受也非常重要。

你一定曾和對方談過好幾次了，對方同樣想解決這件事。

你們兩人明明是同輩分，關係理應平等，

卻只有你覺得痛苦……其實不只是你，

也許對方也同樣覺得不安。

沒事的，對方也和你一樣，你們的關係平等且溝通順暢。

IX

關鍵字

滿足心願　值得期待

有機會就去聚餐，
能拓展視野。

你將有一段美好的相遇，讓你獲得新機會。

可能是你很欣賞的對象約你聚餐，

也有機會與你尊敬的人深談等等，

這是能讓你快速成長的絕佳機會。

物質與精神上獲得滿足之餘，還將產生新見解。

你會度過一段身心富足的時光，

請把它當作一個美好的經驗吧。

關鍵字

急速發展 好轉

不要害怕變化，
試著接觸看看。

事情即將迎來劇烈變化，你可能會突然收到通知，

也可能是聽到某些意外情報。

在這突如其來的幸福及喜悅之中，你會隱約感到一絲不安，

甚至讓你瞬間停下腳步，開始審慎評估。

但是這真的是一個非常大的機會。

為了不讓自己後悔，一定要冷靜下來好好思考。

無論最後要拒絕或接受，全都取決於你。

這並不是令人害怕的事，所以請放心。

令人開心的好消息就要傳來了。

THE FOOL

關鍵字

廣闊 未知

可能性就是未知數，
現在就是挑戰的時刻。

在一條前人未至的嶄新道路上，

有時會因為未知的未來而感到恐懼。

但只有此刻，你只需要感受到挑戰的滋味。

對你來說，現在就是面對那一刻的重要時機。

你無須害怕，請儘管走向自己想走的路。

也無須受他人的告誡綑綁，甚至失去信心。

請先從你力所能及的事開始做起吧。

別擔心，快樂的未來正在等著你。

PAGE of CUPS

關鍵字

純粹 感受能力

誠實面對現在的心情，
機會就在眼前。

機會將來到你面前。因為只是一些蛛絲馬跡，

以及很小的訊號，所以你可能不會發現。

但這些小事都與未來息息相關，

所以現在的你應該注重「令人雀躍又興奮的感受」，

並正視心中所求。

就像是回到孩提時光的純粹，以及猶如找到寶物般的歡喜。

請珍惜這種單純又快樂的心情，

這些感受會成為迎向未來的契機。

從這刻起，即將發生巨大的變化。

請好好期待吧，因為未來的可能無限大。

關鍵字

轉換心情 機會來臨

照現在的步調走沒問題，
狀態會趨於安定。

你現在是否失去自信了呢？

深刻感受到兩者兼顧的困難及嚴峻，

讓你不得不在理想與現實之間搖擺。

但正因為有這些痛苦與糾結，你一定能達到理想的境界。

就像蹺蹺板在達到平衡前一定會搖動起伏。

同樣的，這些起伏總會有停止的時刻，結果也即將揭曉。

不用焦急，那一刻就快到了。

在達到完美平衡前，就先照現在的步調走吧。

關鍵字

無須過於謙虛　嘗試放鬆

每天都辛苦你了，
多多稱讚自己吧。

我要對每天都很努力的你，說聲辛苦了。

富有責任感的你，無法輕易依靠他人，

所以每天都過得非常糾結。

你真的非常了不起。可以試著多依賴別人，

也不要所有責任一肩扛。懂得開口向他人求救，

不用把自己逼到極限。

此刻你只需要好好稱讚努力生活的自己，你不是獨自一人。

沒事的，從力所能及的範圍慢慢做起吧。

PAGE of WANDS

關鍵字

好的開始 光明的未來

好的開始，
一切都能勢如破竹。

你是否想開始一件事，卻還在觀望狀態呢？

因為你知道一旦開始，就無法輕易反悔，讓你更加小心翼翼。

讓你心心念念想去做的事，會為你帶來爆炸性的靈感。

所以若你願意，隨時都可以開始嘗試。

對於變化感到不安絕非壞事，而是非常重要的事。

現在就是下決定的時候了。

請選擇一條不會後悔的路，並勇往直前吧。

關鍵字

美夢成真 成功

現在就是夢想成真的時刻。

每個人都有不顧一切想完成的夢想，

那就試著將夢想轉換成話語吧。

現在的你需要「言出必行」的力量，

向外表現你對夢想的熱情與想法。

過去的你因為認為夢想絕不可能實現，所以裹足不前。

不過你一定辦得到的，絕對沒問題。

懷抱夢想絕對不是魯莽也不是妄想，

而是你一路以來放在心中最珍貴的心願。

THE HERMIT

關鍵字

內省 沉默

善良的你，
多給自己一些關心。

每個人都有自己的堅持，以及無法退讓的信念。

有時你也搞不清楚，懷抱這種信念到底正不正確，

其實最重要的是「你想怎麼做、你希望怎樣」。

重視你的感受，不需要抹滅自己的堅持。

別擔心，大家都很清楚你的善良。

你的堅持是種寶物，請千萬別忘記這一點。

KING of WANDS

關鍵字

康莊大道　自信

在目的地迎接
劇烈變化的前兆。

過去的你曾有過一段艱辛又痛苦的經驗，

偶爾回想起那段回憶，還是會讓你痛苦。

甚至連想到未來都會感到不安。

現在的你，已經抵達其中一個目的地，可以暫時休息一下了。

為了能及時因應未來可能發生的劇烈變化，

請先做好接招的準備。

過去這段時間，你一定投注了許多熱情。

正因為你擁有氣勢、熱情和階段性的成功，

才能得到現在的穩定。接下來，你將會找到新的熱情。

關鍵字

勝利　希望

勝利就在不遠處，
感受歡呼中的淚水。

你即將獲得勝利。

所謂的勝利，除了輸贏之事以外，也代表精神層面的勝利。

或許一路走來你感受到的盡是挫敗感和自卑感，

但即將發生令你打從心底感到滿足且喜悅的事。

時候到了，記得要給自己一個大大的鼓勵，

抬頭挺胸露出屬於你的笑容。

你身邊的人們一定也打從心底期待這一刻。

恭喜！你努力走過來了。

現在就流下感動的淚水，盡情歡笑吧。

ACE of WANDS

關鍵字

克服 榮耀

將過去的經驗當作養分，
擁抱過往的一切。

回顧過往看似是一件簡單的事，但其實不容易也相當難受。

你應該也很能理解這種複雜的情緒並多次體會過吧。

所以每當你懷抱著嶄新的心情，要開始新事物時，

總會回顧過去。揪心的同時，仍帶著這份心情往前走。

雖然告訴自己不要被過去所困，

卻仍懷著寂寞的心情繼續向前。

你真的非常了不起，過去這段時間一定很辛苦。

擁抱你所有的痛苦、悲傷、後悔和過錯，繼續前行吧。

PAGE of SWORDS

關鍵字

外交 善良帶來的智慧

出於善意所做的決定，
請珍惜善良的你。

你真的是一個非常善良的人。

所以你時常為了顧及他人的感受，

而隱藏真心話；或是為了顧全大局，而獨自承受一切。

然而你身旁的人，都很清楚你的善良。

所以請正視自己所下的決心，並試著說出來吧！

表達自己的意見，並不會讓其他人失望。

正因為你擁有真正的善良，才有這樣的結果。

所以請珍惜自己的所有想法。

II

關鍵字

目標 野心

目標趨於明確，
變化即將到來。

模糊的願景與未定之事，將趨於明確。

所有達成夢想與目標的具體對策與計劃，也將一一浮現。

你將成就你理想中的世界，不但能擁有多元觀點，

而且表現十分活躍。就算你沉浸在感傷的回憶中，

最後只要能化負面為正面，活用過去的所有經驗就能成功。

這次一定要好好抓住夢想，不要放手。

你一定能夢想成真，並擁有非常大的成就。

屆時，你將會回想起跨出的這一步，並再次拓展新的世界。

關鍵字
再出發　受到療癒

即使過去的傷口依然存在，
現在只要能慢慢癒合就好。

如同暴雨來襲的日子，你的心也正流著豆大的淚珠。

你並沒有做錯，別急著責怪自己。

也許會有人逼你拋下過去的傷痕，或是要你學會放手。

其實除了你以外，無人能替你作主。

你即將從痛苦中解放，受傷的心將慢慢恢復。

你不用強迫自己表現得活潑，也不用勉強自己笑。

雨馬上就要停了，所以現在的你，就盡情哭泣吧。

迷惘即將落幕，
答案將水落石出。

你將找出過去所有的迷惘及煩惱的答案。

若你正在追尋某個答案，定能理出頭緒。

過去的你就像演員，

總是逼自己扮演別人心中的某個角色或是配合別人行動。

現在這齣戲將迎來高潮，並迎向落幕。

你將離開黑暗的舞台，迎接嶄新的開始。

是時候睜開緊閉的雙眼，迎接屬於你故事的序幕。

THE HIGH PRIESTESS 女祭司〔逆位〕

關鍵字

敏感　畏懼不安

探究真相，
答案就在眼前。

你是否正在追尋某個答案？

我想你應該已經翻閱了各種書籍與報導，卻遍尋不著答案。

你已經花了很多心思反覆思考，現在請先平靜下來。

所謂「當局者迷」，說不定你所追求的答案，

就藏在令你意想不到的地方。

當目標太近，反而會失焦。也許答案一直都在你身邊。

說不定你也有所察覺，所以才急著想去證實。

不要著急，相信自己的直覺吧，答案就在不遠處。

關鍵字

幫助 共鳴

別擔心，他對你有好感。

你很怕別人討厭你，或是對你有負面印象，

光是想像就令人悲傷。

你或許會後悔過去，

不知為何事態演變至此。

若你現在正被那種情緒淹沒的話，我要告訴你「沒事的」，

你並沒有被討厭。

別擔心，他現在仍把你放在心上最重要的位置。

THE DEVIL

關鍵字

魅力 吸引

你是否願意敞開心扉？

你在心裡畫下一條與他人保持距離的界線，

這是個非常聰明的決定。

但未來有個他，會出現在你的面前，融化你的心。

或許這個人早已出現。

你可能會驚訝或是困惑，但若想與對方發展新關係，

不妨試著敞開你的心。

掌握改變的唯一鑰匙，就是你。

關鍵字

商量　不責備自己

別壓抑怒氣，
因為你才是對的。

現在的你正在忍耐邊緣。你也許常聽到別人說，

「應該站在別人的角度想，並原諒他」。

其實你不需要自己承受這一切，

也無須忍住憤怒與壓抑自己的真心話。

一路以來，你已經非常忍讓了。

所以想生氣就生氣，想哭就哭沒關係。

請抽出你心中的寶劍，擺出架式。

這把劍的作用，並不是要用來傷害誰，而是用來保護自己。

關鍵字

溝通　依照自己的步調

與伴侶合作，
正視溝通的重要性。

無論是戀愛、工作還是學業，

或是與他人的關係，每個人都是獨一無二的。

你是否因為和某人的價值觀不同，

或無法彼此分享意見，而感到挫折呢？

其實對方也和你一樣，希望能和你分享更多彼此的感受。

他絕對沒有被你嚇到，或是對你厭煩。

想和對方攜手邁向更好的未來時，就要正視溝通的重要，

一步一步慢慢前行吧。

關鍵字

重視客觀性　冷靜面對

逆轉的時期，
需要異想天開的想法。

思緒太多反而想不出好點子；

越是急著想解決，越是走投無路。

但是令人難以想像的線索，即將出現在你面前。

所以保持微笑，放鬆一下吧。

你曾經放棄的事，將會出現轉機。

放下作為武器的寶劍，放心地展露微笑、面對困境，

因為一切都不需要擔心。

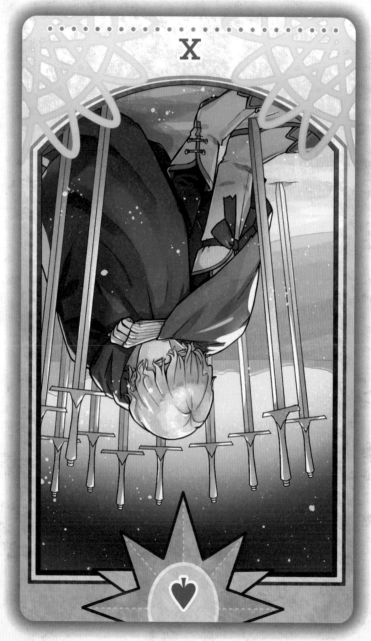

關鍵字

好轉 改善

惡夢即將結束，
把內心感受寫下來吧！

最近的你是否經常失眠？身心正處於痛苦邊緣，

已經快要無法承受了。但這種狀況就快要結束了。

無須隱藏淚水，長夜漫漫終於要迎接天明了，

請將你現在的思緒記錄下來。

除了可以整理情緒，還能成為你今後的養分。

你現在感受到的一切痛苦與悲傷，

將會成為開闢嶄新未來的契機。

無論如何，今晚請先好好睡一覺吧！

ACE of SWORDS

關鍵字

突破 成功

集中火力，讓創意綻放。

你正在創意領域中發揮超凡的力量，堪稱革命等級。

腦中所浮現的點子、企劃與主題，

將隨著你的沙盤推演，逐漸成形。

現在的你擁有各種的可能性，

甚至可以把其他事都排開，延後處理。

先把所有心神，專注在你現在最熱衷的目標與夢想上。

你的想法就是一切，請更重視自己的可能性。

關鍵字

平衡 調和

重要的不是征服，
而是真實傳達你的感受。

向對方表達你的感受時，是否時常欲擒故縱？

或是習慣隱藏自己的真心話，寧願去依賴一些教戰守則？

你該做的不是欲擒故縱，而是和對方真誠相待。

建立關係這件事很複雜，也不存在正確答案，

你也很清楚這點。

與人來往時，所有的攻略或戰術都毫無意義。

最重要的是向對方傳達最真切的感受。

你是否願意睜開雙眼，試著去面對他人？

鬆開手中的武器，才有可能牽起對方的手。

關鍵字

變化　單純的真相

差異才是關鍵，
展現截然不同的優勢。

這張牌要給你的線索是「對比」。

也許你一直以為的黑，其實是白，反之亦然。

對比這件事，會為你帶來轉捩點。

原本你不喜歡的對象，將意外成為你的助力。

而你曾深信不疑的事，也可能和你的想像截然不同。

過去的你總是獨自面對許多糾結與煩惱，

其實這些事沒有你想像中複雜。

在痛苦的日子裡，不必勉強自己。

偶爾抬頭看看月亮、星星或太陽，

然後隨心所欲地過生活吧。

VII

關鍵字

守護 發展

他是一個非常認真的人，
請仔細觀察。

你是否想到他時，會感到十分困惑呢？

你看不出來他到底有沒有認真聽你說話，

而且這個人似乎也很難以理解。

但他其實是個非常認真且真誠的人。

正因為他不會為了敷衍你而隨便發言，

這樣的他有點笨拙，也常被人誤解。

無論這個人是你的情人、家人或是朋友，他待你都非常認真。

我相信未來的你們，一定能更輕鬆地對彼此微笑。

脫離的機會　試著接受變化

事態發展穩健順暢，
重視你跨出的每一步。

一步一腳印，穩定地持續向前非常重要。

我們都知道只有持續努力，才能得到豐碩成果。

過去的你從未放棄，一路堅忍地持續邁進。

你所走的每一步都是積累，都能導向巨大的變化。

走在艱苦的長路上，想必有感到挫折的時刻。

但是請放心，這一切的行動，都是為了等待最佳的時機。

你走在正確的道路上。

當然，你所珍視的夢想也是如此。

關鍵字

讓心靈休息　解決方法即將浮現

不需要放棄，
因為一切尚未結束。

請先調整好呼吸，你有好好睡覺嗎？有好好吃飯嗎？

若你覺得我管太多了，請一笑置之吧。

現在的你，或許既痛苦又難受，先給自己一個擁抱。

因為你一直很努力了。

正因為你持續不懈地努力，期盼的「復活」時刻即將來臨。

過去這段艱辛又漫長的時間已經過去，

準備好迎接巨大的變化。

關鍵字
珍惜自己真正的樣貌　補充能量

請珍惜自己真正的樣貌，
無須討好他人。

對於貫徹自我這件事感到不安的你，

你總擔心會給人傲慢和頑固的印象。

但是，有自我堅持非常重要，尤其是自我風格最重要。

現在的你就算缺乏自信，也能在逆境中找回自我面貌，

並照亮身旁的人。所以無須過度傾聽周圍的意見，

而是重視自己所想與堅持。

獨一無二的個性就是你的強項。

若你還是沮喪，先去曬太陽，讓自己好好休息一下吧。

關鍵字

安心 從焦慮中解脫

發覺真相後，
該是轉換心情的時候了。

長時間的低落，煩躁感揮之不去。

你已經度過一段心情沉重的時光了。

若仰望天空，你會發現天色開始漸漸光亮。

過去的你總以客觀的角度思考「何時才能看到光明呢」，

夢想遠在天邊。

就像掀起連帽外套上的帽子，稍稍望向外面的世界也好，

盤旋腦中的聲音也會消失不見的。

我們對未來都一無所知，但長夜已盡，光明將近。

這樣便足夠了。

II

關鍵字

轉換心情　順利

戀情、工作和夢想都事事順利，
充實度過每一天。

現在就是絕佳時機，能讓你順利完成所有事情。

進展速度超越以往，

而且即將進入一段對各種事情都極具好奇心的時期。

你不但能積極協調各方與資訊管理，

還能積極處理任何事情。

如果現在的你並非如此順利，就讓心好好休息，幾分鐘也行。

不做任何事，純粹享受大自然也很棒。

片刻的歇息時光，能帶來新轉機。

同時受身邊的人歡迎，

說不定會有相遇的機會喔！

打開你的天線，開心度過每一天吧。

關鍵字

具魅力的 謀略家

魅力十足的你，
桃花朵朵開。

現在的你魅力無法擋，正值人緣爆棚的時期！

散發強烈吸引力的你，不拘泥於性別，人人都適用。

即使現在沒自信也沒關係，

身旁的人連看到你謙虛的樣子，都會被迷倒。

真是太厲害了。所以凡事就順其自然吧。

現在的你甚至帶有一股神祕的魅力，

所以在擬定吸引力戰略時，務必謹慎！

關鍵字

可能性　好轉的機會

你有後悔的事嗎？
偶爾回顧，會有新發現。

害怕後悔，不妨再觀望看看；要是心意已決，就絕不動搖，

正視這種感受向前邁進吧。

翻到這一頁的人，無須改變你的答案與選擇。

只要在下決定前，再重新審視一遍就好。

如果還是不後悔，就往新的選擇邁進吧。

你選的路沒有錯。未來的路怎麼走，端看你的決定，

一切決定都是正確的。

只要不讓自己後悔就好了。

THE MAGICIAN

關鍵字

創造性 原理

追求真相，保持好奇心。

對新事物有期待、好奇和求知慾，

同時會出現「真的可以相信這樣的直覺嗎？」的謹慎想法。

你心裡覺得應該更敞開心胸，廣納意見。

但是在你願意真心相信之前，不用勉強。

信任是需要靠積累而來，一步一步慢慢來。

VII

關鍵字

幻想 妄想

對於看不見的事物感到恐懼，
誠實面對真理。

心裡的疑影越想就越在意，甚至已占據你大部分的思緒。

或許你曾多次把憂慮與現況相比，越想越不安。

其實你的內心深處，也想相信。

別害怕！真理是誠實的。

任何人都無法將想法強加於你，所以請放寬心。

未來你的心裡，一定會充滿令你雀躍不已的想像。

KING of SWORDS

關鍵字

知性 偉人

努力的你，
多依賴別人一點也無妨。

你總會習慣性拉起防備線，做好身心的萬全準備，

隨時處於備戰狀態。

為了守護珍惜的事物，你會一肩扛起許多事，獨自承受至今。

正因為你總是做足準備，身邊的人才能每天放心過生活。

你是否願意與他人一起分擔你身上的負荷呢？

不管是十三分鐘或是十三秒都好。

依賴就像一面盾牌。只帶著一把劍，只會受傷。

不用太多，只要稍微多依賴他人一點就好。

關鍵字
重新審視情感 內省的時期

自我犧牲的辛酸，
記得重視你的人。

你有強烈想守護他人的強烈意志，

甚至有「只要犧牲自己就好」的想法。

我想握緊你那雙滿是傷痕卻堅強的手，

並告訴你不必強迫自己前進。

適時握住並輕撫自己的手，說聲：「辛苦了。」

也別忘了，那些重視你的人一直都在。

關鍵字

恢復 通往活力之路

從這裡重新振作，
慢慢來也沒關係。

經歷過痛苦期，迎來休息期，進入行動期的時刻即將到來。

如果是傷口尚未完全癒合的你，還可以再沉潛一下也無妨。

在「那一刻」來臨前要懂得伺機而動，

做好準備再開始的能量爆發會更強。

所以現在就先躺著，看風景、聽音樂或是閱讀，

平靜度過每一日。當作行動前的充電期。

為了迎接接下來的幸福時刻，你將蓄勢待發。

切換行動開關的瞬間，只剩一步之遙了。

關鍵字

從墮落中解放　適度攝取

擁有私密時光，
有如溫柔甜美的香氣。

無論沉迷的對象是人、興趣、物品還是夢想，

只要過分在意，就會感到痛苦。

現在的你已經懂得適度享受著迷的事物。

在應當享受的時刻去品嘗那些美好，所以無須害怕。

享受並非依賴，更不是執念，而是適量的美好，

為人生增添更多色彩吧。

這樣的美好，溫柔地將你圍繞。

KNIGHT of PENTACLES

關鍵字

進展 邁向出人頭地的一步

新的開始，
令人緊張的第一步。

要開始任何新挑戰時，興奮之餘會伴隨著緊張。

尤其是責任感強烈的你，面對目標時，

你會成為眾人追隨的指針。或許你會感受到壓力，

卻不願示弱，而是和夥伴們一起持續前進。

接下來，你要往更高的目標邁進。

眼前的一小步，是邁向寬廣世界的一大步。

既然有夢想，就緊握別放手，

和大家攜手合作，盡情去挑戰吧。

關鍵字

整頓計劃　轉變觀點

別放棄，
試著改變觀點就好。

夢想實現前，一切戛然而止的那種悲傷，讓人痛苦到想消失。

功虧一簣的陰影難以抹去，

只要經歷過一次，

就會深深烙印在心中。

你現在要做的是花點時間療傷，直到重燃強烈決心的時刻。

別害怕，夢想終將實現。

療傷時的負面情緒不必忽視，

一切從正視深沉的痛苦開始。

關鍵字

努力實現　發現線索

行動才會出現靈感，
更能抓住機會。

腦中有對未來的各種美好想像，卻沒有實踐的具體方法。

一旦開始執行卻總是卡住，最後只好中途放棄。

這種遺憾人人都經歷過。

實現腦中想法這件事，聽起來很簡單，做起來卻很難。

你可以先實踐一小部分，在執行的過程中，

點子和靈感會源源不斷而來。

切記，抓到訣竅就能抓到機會。

關鍵字

再次確認 不放棄

別鑽牛角尖，
你們還擁有彼此。

無論距離多遙遠，仍強烈地思念著彼此。

人的情感很複雜，而且總會不小心往最壞的方向想。

你心中的那個他也一樣，會不時仰望夜空思念著你。

隱忍不說的情感，讓人傷心又寂寞。

別鑽牛角尖，沒事的。

關鍵字

真相大白　小小的一步

出現驚人的情報，
實現的契機。

令人驚訝的新消息和你長久以來的夢想有關。

這個好消息的出現絕非運氣或偶然，

證明過去的你，一直走在對的道路上。

請抬頭挺胸為自己感到驕傲，

那位為你捎來消息的人，非常單純又坦率。

夢想就要實現了，這次不是妄想或幻覺，而是現實。

關鍵字

活用過去經驗 全新的可能

別逼自己割捨，
因為線索隱藏其中。

現在的你正在尋找某個答案，可能是自己或是他人之事。

其實線索藏在過去。回想當時的你是什麼感受？

對方又是什麼心情？

現在就是審視一切的絕佳時間點，

因為有過去才有現在，試著去尋找各種線索吧。

回顧過去不是為了後悔，而是活用過去的經驗。

THE TOWER

關鍵字

緊急 開始

試著伸出你的手，
掌握轉捩點。

變化將至，而且讓人無法想像的劇烈。

這個預言一點都不可怕，

環境與心境改變，想法也會跟著改變。

拓展新視野後，轉機是通往光明未來的重要關鍵。

你所害怕的事不會發生。放下膽怯，過得更有你的風格吧。

關鍵字

考慮風險　調整計劃

無須害怕，
勇敢擬定計劃吧。

自我世界觀被否定時，恐懼油然而生；

滿懷自信提出想法，結果不如預期時，令人耿耿於懷。

其實有許多人，非常欣賞你獨一無二的世界觀。

多方接觸無限可能性，就像轉動地球儀一樣，

改變看事情的角度，才能產出不同的提案方式。

推動這件事的不是別人，唯有你一人辦得到。

關鍵字

調整狀態　重新審視狀況

決定之日，從一開始。

下決定的那一刻，世界才開始改變。

是否要拋下過錯與傷痛，

都是個人自由，一切由你作主。

隨心所向，由你而始的決定，與你的未來息息相關。

風起之時，也將孕育新的枝椏。

關鍵字

只差一步　預兆

世界即將完整，
願望必定實現。

經歷過各式各樣的感受與經驗後，你追求的世界觀即將完整。

開心、悲傷、痛苦與憤怒集結，當一切合而為一，

你也將到達目的地。

別著急，接下來只要耐心等待就好。

不必快速行動，也無須追問，一定會在最佳的時機點完成。

對痛苦過往的所有時間說聲辛苦了，願望即將實現。

關鍵字

自尊 笨拙

倔強的他，
其實非常喜歡你。

有一個人非常喜歡你，卻無法向你坦承心意，

其實他在你看不見的地方內心糾結。

他不善表達，總想著用自己的方式對你表白。

若他願意表露自己真正的樣子，哪怕只有一點點也好，

請一定要珍惜這樣的他。

你也無須暗自忍耐，在你能接受的範圍就好。

關鍵字

冷靜一下　多休息

找回自信，
有人會為你擦拭淚水。

失去自信時，心情一定會低落，但絕非壞事，

所以千萬別責怪自己。世上本就沒有完美之人。

現在請先放下手機和筆電，斷絕外界干擾。

相信你很快就能找回自信了。

若是不想找回自信也無妨，現在的你已經很好了。

想哭也沒關係，閉上雙眼好好休息吧。

就算累到無法做任何事情，也會有人替你拭去淚水。

關鍵字

出發　順其自然

按照自己的步調，
才能保持從容。

很多人正要前往嶄新世界，

只是實際面對從未料想過的狀況時，必定大受打擊。

越是這種時候，越要保有自己的步調與堅持。

堅守步調不代表任性妄為，而是保有自我。

無須一味配合旁人，請以緩慢的步調前往新世界。

這樣才能壯大核心價值。

THE HANGED MAN

關鍵字
好的試煉 巨大的成果

想退出就退出，
試著多説心裡話。

明知這條路充滿試煉，卻執意往前。

這個地方是你即使身心俱疲也想繼續待下去的地方。

眼前面臨的狀況非常辛苦，但是只要你想退出，隨時都可以。

辛苦的時候就把真心話說出來，

簡單的一句話，能為你帶來很大的影響。

WHEEL of FORTUNE

關鍵字

絕佳機會 巨變

就是現在！
就是這個瞬間。

絕佳的時機與機會已到！

以你為中心轉動的的命運之輪，終於要停止轉動，

確定目標了。

抽到這張牌的人會遇到理想對象，

不管是二次元還是現實中的對象。

停止轉動的齒輪，將帶動其他面向，從現在開始行動吧！

別擔心，你只要好整以暇端看一切就好。

命運的齒輪會開始轉動。

關鍵字

愛 幸福感

專一的情感，極致的愛。

現在你內心閃耀的光輝，是你對那個他的珍貴心意。

你要的不多，只求對方幸福就好。

對方也感受到你的專情，知道你對他的重視。

溫暖的心意能帶給對方內心的餘裕與從容。

想要維持這段關係，就不要自我承受與忍耐，

更無須背負一切。極致的愛，會轉換成不同的形式，

這份心意最終會回歸到你身上。

那一刻來臨前，請專注在你眼前的事情就好。

關鍵字

休止符 破曉

再也不想受傷了，
迎來破曉的瞬間。

夜夜不成眠的你，過得好嗎？

如果連看到這段文字都感到痛苦，請先眺望夜空並深呼吸。

望向天空會發現一片暗色中，有無數的星星正在閃爍。

你會發現原來夜空中也存在著微小的美好。

破曉即將來臨。

換個角度想，看著旭日而入眠，或許也不錯呢。

關鍵字

休息 依照自己的步調

捉摸不定的他，
其實非常可愛。

腦中是否瞬間浮現某人的身影呢？

他天生有股奇妙的氛圍，所以不必過度解讀他的一舉一動。

只是對方不可思議的個性，讓人難以捉摸罷了，

甚至可以把他說的話當耳邊風。

他之所以出現這樣的態度，只是不想讓你對他幻滅而已。

對方真的非常可愛呢，你也是。

他對你展露笑容的日子，似乎不遠了。

關鍵字

放鬆 快樂

釋放壓力的時期，
在家放鬆也不錯。

外出踏青、一起聚餐、彼此對視而笑，

這些歡樂的畫面讓人充滿期待。

可惜現在的氛圍無法隨意出門，要是感覺累了，

就在家盡情放鬆吧。訂一些甜點，或是對健康有益的食物，

然後盡情挑戰過去想做，卻沒時間做的事吧！

也很推薦你看電影或影集喔。

說不定在享受歡樂時光時，

你期待已久的聯絡或通知就會出現了。

關鍵字

無須表態 重視溝通

對你來說，
我是怎樣的存在？

「誰是你無可取代的人？」

要是對方被問到同樣的問題，一定會想起你。

你在他心中有特別地位，但對你來說，

他又是怎樣的存在呢？

雖然無法用三言兩語說清楚，

只要你願意，盡量試著表達出來。

對方一定會欣然接受你的心意，並誠實回覆你。

請告訴我，對你來說我是怎樣的存在？

關鍵字

不失去自我 找到改善方式

兩者無法兼顧，
打破僵局的方法即將出現。

無法一心二用的你，容易陷進自己的小宇宙。

但是無須壓抑自己，反而應該正視熱情所在，

專注在自己喜歡的事物上。

釋放過後並整理好情緒的人，反而更能集中精神。

責任感很強又善良的你，就算表明自己的感受，

也不會被討厭。保有自己的生活方式，

把愛投注在熱愛的事物上吧。

關鍵字

適量的休息　試著依靠別人

別拿劍自傷，
偶爾撒嬌也無妨。

先喘口氣，休息一下吧！

你是一個嚴於律己的人，

一定有人常問你：「為何不試著多依賴別人一些呢？」

因為身旁的人都需要你，

所以你總是堅強自立，每天努力生活。

但你也有想哭泣的時刻吧？現在哭一下也無妨。

試著縮小內心強大的防備，偶爾收進心裡的口袋就好。

關鍵字
只差一步 切勿勉強自己

多接觸就能找出彼此的共識。

要卸下某人的心防很困難，

凡事過於強求，就是兩敗俱傷。

其實還有更聰明的方法。

先從簡單的打招呼開始，開啟隨興聊天的模式，

慢慢拉近與對方的距離。

用自然的方式陪伴在對方身邊就夠了！

你的心意一定能傳遞出去，珍惜內心的純粹感受。

關鍵字

勿疑神疑鬼 真心

想起曾經誠實相待的彼此。

即使平靜無波，但一旦發生歧見，就像暴風雨般將人吞噬。

「平常這個時間，他都會接電話的⋯⋯」

這種焦慮與擔心的感覺，無論經歷多少次都無法習慣。

其實雖然對方沒說出口，但他也和你一樣在意。

改善關係不必主動求和，只是當對方走向你時，

試著想起曾經坦誠以對的彼此。

一起笑、一起哭，一起攜手相伴的時光。

Four of Pentacles 錢幣四〔正位〕

IV

關鍵字

持續　堅持

堅持是種珍貴的寶藏。

堅持但不偏執，這是你獨一無二的寶藏。

請繼續珍惜這樣的特質，也無須為他人而妥協。

你是個非常體貼的人，總想著不要帶給別人麻煩，

只是偶爾會受傷而已。

這時要學會互相溝通，適時多依賴別人一些。

KNIGHT of SWORDS

關鍵字

勇氣 自信

了不起的決心，
是種對未知的覺悟。

從塔羅牌上揮舞寶劍的樣子，

可以感受到強烈的決心和堅定無比的意志。

現在就是你的決戰關鍵點，沒有退路。

下決斷時，需要很大的覺悟，想必也經歷過許多故事。

也因為身邊有許多支持你的人，才能走到今天。

請帶著這樣的決心，繼續勇往直前。

關鍵字

謹慎 等待

早已接受的過去，
答案就在你的心中。

傷痕累累的你凝視的前方，究竟是過去？現在？還是未來？

再怎麼想，也想不出答案。因為答案其實就在你的心中。

你的模樣、聲音和動作都已脆弱不堪，

彷彿再次站起的體力都沒有。

不管你正用僅存的力氣全力以赴，

或是放棄繼續努力都無妨。

這就是對現在的你來說，最正確的答案。

關鍵字

光芒照射　從痛苦中解脫

終於能好好睡一覺了，
黎明前的瞬間。

不斷地睜眼、閉眼，都是在等待破曉來臨。

暗夜未明的房內，讓人充滿不安與恐懼。

但你絕對不是一個人，

告訴自己「沒事的」、「絕對沒問題」。

沉寂無聲的黑夜，即將轉為深藍，接著變為淺藍，

早晨就要來臨了。

光明終將到來，一起迎接早晨吧。

關鍵字

通往成功的道路　跨過難關

想成為別人的力量，
不求回報。

在你身邊有個努力做好分內事，不求回報的人。

他非常尊敬你，拚盡一切想成為支持你的力量。

你們已有交集，或是非常親近的關係，

請好好注視著對方的身影吧。

你們彼此能夠互相扶持，一起成長。

關鍵字

心念一轉　拓展視野

解開枷鎖，
高牆即將瓦解。

導致事情卡關，進展停滯的枷鎖即將破解，

一切將開始運作。即使進度不快，卻非常明確、踏實。

原本不願敞開心胸的人，也願意與你溝通，取得共識。

你與外界關係的變化，會讓你感受到更多的真誠，

全都歸功於你過去的努力。

解開枷鎖是最穩妥的一步，敬請期待那一天的到來吧。

關鍵字

真實的自己　放鬆心情

不堅強也沒關係，
就照現在這樣吧。

旁人的依賴讓人倍感壓力，

忙到沒時間讓人看到你的沮喪，也沒有時間求救。

與其花時間吐苦水，你更想花時間處理能做和必須做的事。

暫時放下肩上的包袱，偶爾放鬆一下。

說不定腦中會突然浮現好點子。

Seven of Wands 權杖七〔逆位〕

關鍵字
目標明確 重視自己

支持者接連出現，
要重視公平性。

在活動上神采奕奕的你，關注度爆棚，

各方面的人氣節節攀升中！

因為仰慕者接二連三出現，

在這些人當中有一個特別顯眼的人，

他將成為支持你的重要人物。

受眾人傾慕是一件很棒的事，所以要能好好活用這個機會。

另外也推薦你穿戴明亮色彩的飾品，連心情都跟著亮起來。

關鍵字

別放棄　你將看見出口

過去的你，和現在的你。

只要是人都曾後悔過，這是再正常不過的感受。

時代的變化與發展非常快速，所以無須比較，更不用不安。

有很多只有現在的你才能辦到的事。

如果已經疲累不堪，休息更是不可或缺的。

別拿過去和現在的自己比較，並且否定現在的自己。

無論是過去或未來，都是你很重要的一部分。

關鍵字

安定 家人之愛

幸福的未來，
約定好到來的希望。

接下來你將度過一段平穩的時期，包含對未來的期許。

而且正是學習吸收力最好的階段。

除了學識以外，與人互動時收穫的一切，

都有助於描繪未來的願景。

其實大家都一樣，都希望有一天能實現夢想。

這並非奢望或痴人說夢，而是得到幸福的必經之路。

永遠別忘記這個遠大的夢想。

V

關鍵字

忙碌 刺激

切記！
不是所有人都是你的敵人。

在競爭激烈的世界中，帶著最起碼的警戒和好奇心，

挑戰新事物。面對眼花撩亂的變化景象，

讓人分不清到底該相信什麼。

你身邊不但擁有能切磋琢磨、一較高下的人，

也有良性競爭的夥伴，能刺激彼此進步。

趁這個機會拓展你的視野和廣度吧。

在動盪局勢中保護好自己，要隨時保持警戒。

只要注意別獨自一人承受一切。

THE EMPEROR

關鍵字

強大 責任感

想成為那樣的人。

受人倚重、有威嚴，又不屈不撓，真想成為如此了不起的人。

堅強的定義，沒有正確答案。

原因就藏在你獨有的強項之中。

善良和忍耐、貼心和誠實，你就是擁有如此多的優點。

現在的你，已經非常厲害了。

XIII

DEATH

關鍵字

重生 變化

誠心許願的時間已到。

你將從痛苦與掙扎中解放，蛻變成全新的自己。

死神將會把一切阻礙、悲傷，以及過去的錯誤都帶走。

而且僅帶走你真的不需要的東西。

死神會依照你的心意，只取走你希望祂帶走的，去蕪存菁。

誠心許下心願，無須不捨，更不用後悔。

KNIGHT of CUPS

關鍵字

熱情 積極

音樂將療癒身心，平靜度日。

你的身體因為無法舒緩平日的疲勞，

正渴求一段療癒時光。

先別焦躁，聽一首令你感到舒服的歌吧。

聽到喜歡的音樂，能讓人感到放心。

聲線溫柔的歌手，或是細緻描寫複雜情感的歌詞等，

都很適合現在的你。不需要被歌曲種類限制。

聽歌能讓心情沉穩，也能帶來幸福與平靜。

關鍵字

心的痛楚 找到解決的線索

溫柔輕撫椎心刺骨的痛楚。

遍布傷痕的身體，好像隨時都會香消玉殞，真令人害怕。

然而你卻覺得若就這樣消失，還比較快活。

這股感同身受的痛，讓人忍不住想拉你一把。

你身邊的那個他，輕撫你滿是痛楚的傷口。

你會感到安慰還是驚訝？又會希望對方怎麼做？

關鍵字

振作成長 精神超越物質

與攜手前行的對象，
許下對未來的諾言。

世界上一定有一個專屬於你的命定之人，

當你孤立無援時，會對你伸出援手的人。

你將會和那個他一起跨越各種困難。

也許你還沒遇見那個人，又或許已經遇到了。

無論如何，他總有一天會出現，你會在最好的時機遇見他。

關鍵字

重視協調性 把握機會

不輸給任何人的強烈意志，
將化為現實。

你身邊聚集了許多創作者和專業人士，

要將這些有堅強信念的人聚在一起，完成大型企劃與作品，

重視的是協調性。

由於每個人的個性較鮮明，在推動團隊合作時，

要記住保有自己的堅持。

這會是個非常重要的經驗，彼此切磋琢磨，

走向完成的道路吧。

關鍵字

天真　拓展視野

玩心成為契機，
盡情發揮好奇心。

小興趣會連結到大契機，多去挑戰有興趣的事物吧。

雀躍不已的心動感，能觸發不同想像力。

觀賞或飼養生物，都能讓世界變得寬廣。

因此海邊或水族館就很適合你。

接下來你有機會積極參與各樣活動，

記得隨時打開雷達、張開觸角。

先學會享受力所能及之事，

如同塔羅牌上突然從聖杯中躍出的魚一般，充滿活力。

關鍵字
善待自己 照著自己的步調走

對未來即使不安，也別擔心。
期望終將達成。

一旦開啟負面妄想模式，擔憂就會無窮無盡。

無須緊張！你所擔心的事不會成真。

事先預想最糟糕的情形，並不是壞事。

把壞事都想盡了，就能加倍思考好事會發生。

不要勉強自己，照自己的步調走吧。

關鍵字

小心謹慎 危機意識

有人正在默默守護你。

為了能在危急之時，立刻趕去救你，他隨時都做足了準備。

這個他現在正遍體鱗傷，因為他不太擅長與人相處，

但絕對會在關鍵時刻幫助你。

試著尋找身邊最符合描述條件的那個人吧。

關鍵字

狀況即將改善　試著與人商量

反覆嘗試與修正，
就會有進展。

對方正處在思考期，只是因為專注在處理自己的問題上，

所以對你有些忽略了。並不是你做錯事。

對方本來是有熱情、較主動的人。但他也擔心要是過分積極，

看起來會太拚命，所以他才選擇見機行事。

他馬上就要開始行動了，長時間以來讓你久等了，

你準備接招就對了。

QUEEN of SWORDS

關鍵字

有智慧的 試著去享受

崛起時刻來臨，
覺悟的起點。

準備踏上漫長旅途的你，已經準備好行囊了嗎？

過去的一切經歷，會在接下來旅程中，扮演不可或缺的角色。

現在正是活用這些知識的時刻。

你是一個非常善良的人，過去總是保留實力，韜光養晦。

現在開始可不同了，你將會盡情使用這項能力，向未來邁進。

你可以從椅子上站起，揮舞寶劍，進入故事的新篇章。

接下來，你將是這段故事的主角。

關鍵字

覺悟 不要獨自承受一切

讓自己進步的每一天，
你值得被守護。

為了爬上高山，就必須做足登山的準備；

為了保護他人，就必須準備好寶劍。

只懂得為別人做準備的你，承受著難以想像的辛苦與痛苦。

這種時候，就感受一下大自然的空氣與澄澈的天空，

去轉換心情吧。

千萬別忘了！

你並不是只能守護他人，你也值得被守護。

關鍵字

糾葛束縛　突破限制

停滯的原因並不在你。

因為對方無可奈何的各種原因，導致進度停滯。

例如，工作很忙、準備證照考試等。

所以你完全不需要責怪自己。

等對方準備好，事態就能順利進展了。

連過去遲遲沒有回應的部分，都有如掙脫枷鎖般，順暢運行。

即使等待的過程很辛苦，也再忍耐一下下就好。

對方要準備行動了。

Eight of Wands 權杖八〔逆位〕

關鍵字

期待 變化的預兆

順其自然，乘勝追擊。

身邊大小事正如火如荼進行中，如果想搭上這股浪潮，
就去抓住機會！
乘勝追擊會得到意想不到的成果。
你可能會因為進展太過順利而驚訝，但別猶豫了，
抓緊機運吧。
正視不安的同時，盡情嘗試自己想做的事！

關鍵字

事先確認　重視自己的感受

要何時與傷痛告別，
端看你的決定。

強迫自己抹掉陰影與過去的傷痕，只會更辛苦。

你只需要好好面對，並且慢慢整理，緩解悲傷的感受。

因為心底的傷不會輕易消失，人才會痛苦、掙扎和哭泣。

是否要與過去的傷痛告別，端看你的決定。

其他人無法幫你決定，也無法碰觸你的痛。

重視自我感受的同時，慢慢地讓自己恢復。

關鍵字

大逆轉　無須緊張

即將迎接大逆轉。

現在是堪稱大逆轉的變化與重生期。

遇到時，你會體驗到從高處翩然降落的奇妙感受。

彷彿你早已知道這個時刻即將降臨，

越是這個時候，越要順其自然。

沒事的，即使在變動期，你也能輕盈降落，而非急速墜落。

關鍵字

無須躊躇　解決方式即將出現

實驗開始！挑戰的時刻。

每當想挑戰的事和點子一股腦兒浮現腦中，

會讓人不小心失去自信，甚至閃過對未來的不安。

現在的你擁有許多可能性，應該反覆實驗、嘗試並成長。

所以無論面對什麼事，都應該勇於挑戰，就算失敗也無妨。

若你覺得害怕，提不起勇氣，也無須勉強。

只要照著自己的步調前進就好了。

就把這些挑戰當作一種實驗，一步一步慢慢嘗試。

關鍵字

別鑽牛角尖　照自己的步調走

資訊量過大，
抓出真正重要的部分。

我們身邊充滿各式各樣的資訊，何者為真？

何者為假？光是判別就夠累人了。

你正處於謹慎判斷，努力找出正確答案的階段。

然而當資訊量真的太大，還是會感到疲累。

要是身邊有值得信賴的人，不妨和他聊聊。

也很建議去請專家幫忙。不要獨自煩惱，出聲請求協助。

透過這個經驗與知識，讓自己的視野更廣闊。

關鍵字

休息的時間 內省時刻

現在先休息一下吧。

缺乏自信真的很難受，即使別人想幫你，也不知道該怎麼做。

找不到答案，又會陷入另一種痛苦。

人不必刻意正向樂觀，因為你很清楚知道，

現在的你最害怕什麼。

先接納再休息，把認真思考留到休息過後也無妨。

現在的你，先好好珍惜這段平靜的時光吧。

關鍵字

好轉　全新的可能

時間無法倒轉，
覺悟後所下的決斷。

你正面臨重大的抉擇，決定好方向後，就勇往直前吧。

因為決心很沉重，

所以只要是你無悔選擇的路，那就一定正確。

在你下定決心前，多次煩惱多次改變都沒關係。

最終以嶄新的姿態，踏出那一步吧。

在夜晚中徬徨的日子即將結束，跨出重要的第一步。

KING of PENTACLES

關鍵字

經驗 地位

記憶與經驗都是資產，
生生不息。

徬徨而且不知如何抉擇的那件事，你真的甘心放手嗎？

放手後就真的能接受這個結果嗎？

不管選擇放下還是記在心中，過去累積的經驗也不會消失。

記憶將成為資產，永遠在心中生生不息。

無論你的答案為何都好，選擇不後悔的那條路。

THE LOVERS

關鍵字

約定 幸福滿溢的時期

跨越互古時空，
到達約定之地。

過去許下的諾言終將實現，無論你與對方是什麼關係，

曾經的約定會以不同形式實現。

無數次想放棄的瞬間，不斷浮上心頭。

即使幸福降臨，下一個問題又立刻出現。

一路以來，我們總是這樣層層跨越各種障礙。

所以這次你們也要一起度過。

牽起彼此的手，不要放開。

留下跨越數億年的誓約之吻。

JUSTICE

關鍵字

平等 客觀

決定的瞬間，判決的時刻。

你一直在追求的答案，即將揭曉。

即使是曖昧不明的關係，也將清晰。

讓你心裡籠罩陰影的事，也將有明確的結果。

終於可以向前邁進了。

因為你的善良，所以持續忍耐並等待的時光會加速遠離。

從此之後，你將過著充實的每一天。

判決已定，迷惘時刻即將結束。

關鍵字
注意溝通的重要性 試著接受變化

口是心非的他，
其實只是不夠坦率。

他是個非常愛賭氣的人。即使想告訴你心裡的感受，

話到嘴邊卻不知該如何表達，就這樣反覆了好幾次。

而你卻希望能快點弄清楚整件事情，也感到疲累了。

你都已經開口了，對方卻還是不願接受。

然而你也無須處處勉強自己。

雖然現在的他很倔強，但其實他真的非常喜歡你。

偶爾想想他口是心非的模樣，然後一笑置之。

THE HIEROPHANT

關鍵字
慈愛　寬容的精神

他是誠實的人，
你是否願意相信他？

他是非常誠實而且值得信賴的人。

但是卻不輕易相信別人，並總為此感到糾結。

雖然你對他來說很特別，深得信賴，

但他非常不擅長向他人訴說自己真正的想法，

也不善於敞開心胸面對他人。

正是因為你們喜歡著彼此，才會感到不安。

請不用著急，你們心裡都有彼此。

TEMPERANCE

關鍵字

和平 穩定

精神層面安定，
充實的每一天。

過去這段不穩定的狀況即將結束，你將擁有身心靈的健康。

同時，你想挑戰的目標將一一出現，

面對這些挑戰，你也能順利化解，

健康狀況也沒問題，身心靈都十分穩定。

你也很有機會，被你的善良所感動的人傾慕。

試著保持自己的風格，依照自己的步調，接受各種挑戰。

KNIGHT of WANDS

關鍵字

行動力 意志

新旅程的開始，幹勁滿滿。

這是嶄新冒險的開端！

你將擺脫過去的煩惱與鬱悶，走向新道路。

若現在的你，還感到難受，這種情緒也將自然而然地緩解。

你會帶著這種新鮮的感受，去嘗試新事物。

你是不是也想趕快轉換心情呢？

嶄新的你充滿氣勢，身邊的人也將被你的熱情觸動。

把握信念，開始大步往前走吧。

關鍵字

展望 旅行

訂下目標的時刻，
出發之日不遠了。

過去這段時間，因為你不懈的堅持，以及一步一腳印的努力，
明確的目標及具體對策將一一浮現。
你並沒有魯莽地設定計劃，能準確通往未來，
願望實現的時間點也趨於明確。
不要害怕，儘管展開行動吧。具體實現你的目標吧！

關鍵字
打開視野 新的見解

別欺騙自己，真正的感受。

想要的東西就別管別人怎麼說，也別管社會的眼光。

正視內心感受，認真面對自己，再好好思考一遍。

說不定你早已找到答案，只是還不敢下最後的決定。

你還有時間，所以不需要倉促決定。

一旦下定決心，接下來沿著那條道路走就好了。

感受就是最重要的線索，再一次去比照答案吧。

關鍵字
試著慢慢展開行動 穩定的未來

成為理想中的自己，
從力所能及的範圍開始。

無法達到自己心中的理想，而感到沮喪嗎？

這可能來自金錢、戀愛、友情或是夢想。

腦海中浮現了各種面對未來的方法，

卻因為找不到具體對策而苦悶。

這時可以參考你景仰的人的生活方式，

或是讀本有趣的書、撫摸一下歷史古物。

從自己辦得到的事情開始做，欣賞季節美景，或去品嘗美食。

一小步的行動，將成為你通往理想的捷徑。

關鍵字

有你的風格　試著客觀一點

連專家也解不開的笨拙固執。

他很單純又笨拙，大概也不善於表現愛吧！

當然，責任在他不在你。

無須勉強自己接受他的不擅言辭，不過那個他，

其實很重視你喔。

那些社會上適用的規則，和察言觀色等方法，

都無法套用在你們身上。

這世界上最了解他的人，並不是什麼戀愛專家，

也不是什麼心理學者，而是你。

千萬別忘了！

THE CHARIOT

關鍵字

前進　積極

無須害怕，向前行吧。

你正面臨人生轉捩點，開始審視過去的生存方式並往前進。

面對看不見的未來，會有不安也會有恐懼。

投入一個未知的世界，也很可怕。

但你已經做好決定，即使不知道未來有什麼在等你，

還是決定要往前走。

沒事的，這個決定對你來說非常重要。

即使遇到岔路，也請堅定向前。

你的終點，早已決定好了。

VI

關鍵字

體貼 安定

終於走到這一步，
前往永恆的未來。

這是 156 張塔羅牌中的最後一張。

就在這瞬間與牌卡相遇的你，正迎向終點和新的開始。

過去曾不斷付出的你，終於走到這一步，

並蛻變成全新的自己。

曾受過傷，也曾被隨便對待，

總是不斷哭泣的日子將徹底揮別。

你將打造全新的人生。有付出也有人給予，擁有對等的關係。

好不容易，你終於走到了這一步，就大步邁向永恆的未來吧。

國家圖書館出版品預行編目資料

美少年塔羅讀心占卜：翻一頁為自己找到人生解答 /
杏花栗子作；徐月珠譯 .
-- 初版 . -- 臺北市：三采文化股份有限公司 ,2022.10
面； 公分 . -- (Mind map ; 245)

ISBN 978-957-658-922-5（平裝）

1.CST: 占卜

292.96   111013513

suncolor 三采文化集團

Mind Map 245

美少年塔羅讀心占卜：
翻一頁為自己找到人生解答

作者｜杏花栗子　　譯者｜徐月珠

編輯二部 總編輯｜鄭微宣　　審閱校稿｜蔡依如　　主編｜李婠婷

美術主編｜藍秀婷　　封面設計｜鄭婷之　　美術編輯｜方曉君

版權部協理｜劉契妙　　內頁排版｜陳佩君　　校對｜黃薇霓

發行人｜張輝明　　總編輯長｜曾雅青　　發行所｜三采文化股份有限公司
地址｜ 台北市內湖區瑞光路 513 巷 33 號 8 樓
傳訊｜ TEL:8797-1234　FAX:8797-1688　　網址｜ www.suncolor.com.tw
郵政劃撥｜帳號：14319060　　戶名：三采文化股份有限公司
本版發行｜ 2022 年 10 月 7 日　定價｜ NT$480

78MAI NO CARD GA MIRAI O MICHIBIKU　UMMEI NO CHOKKAN TAROT URANAI
©anzumaron 2021
First published in Japan in 2021 by KADOKAWA CORPORATION, Tokyo. Complex Chinese translation rights
arranged with KADOKAWA CORPORATION, Tokyo.